Biblioteca di ImpresaLavoro

© 2016 Centro studi ImpresaLavoro
Edizioni "Biblioteca di ImpresaLavoro"
Prima edizione: maggio 2016
ISBN: 1533354480
ISBN-13: 978-1533354488

Coordinamento del progetto: Elisa Qualizza

INDICE DELLA LIBERTÀ FISCALE 2016

impresa lavoro
Centro Studi

INTRODUZIONE

Simone Bressan
Direttore del Centro studi ImpresaLavoro

Nel 2015 il Centro studi ImpresaLavoro, avvalendosi della collaborazione di ricercatori e studiosi di dieci diversi Paesi europei, ha elaborato il primo Indice della Libertà Fiscale. Un lavoro, questo, che si proponeva di monitorare la "questione fiscale" in Europa muovendo dall'assunto che la crisi che sta conoscendo il Vecchio Continente è difficilmente comprensibile senza una riflessione seria sul peso che lo Stato ha assunto nella vita dei cittadini e su quanto il prelievo pubblico sulla ricchezza prodotta rischi di essere il vero tratto che distingue la Vecchia Europa da blocchi di paesi decisamente più dinamici e competitivi del nostro.

Nella versione 2016 dell'Indice della Libertà Fiscale, si è scelto di allargare il numero dei paesi esaminati, passando dai dieci ritenuti rappresentativi del 2015 ai 29 di quest'anno. L'analisi di un numero così ampio di economie permette, rispetto a quanto fatto nel 2015, di allargare lo sguardo e di monitorare efficacemente la questione fiscale in pressoché tutti i paesi che compongono il continente geografico europeo. Non solo: emergono in questo modo anche le differenze tra chi sta dentro il sistema dell'Unione Europea e chi sta fuori, tra i paesi che hanno adottato l'Euro e quelli che, invece, hanno scelto di mantenere la propria autonomia monetaria.

METODOLOGIA

L'Indice della Libertà Fiscale è stato realizzato muovendo da sette diversi indicatori, ognuno dei quali analizza e monitora un aspetto specifico della questione fiscale. Il Paese migliore in un determinato indicatore riceve il punteggio massimo attribuito a quel settore. Alle altre economie viene attribuito un punteggio secondo il meccanismo della proporzionalità inversa: più un Paese si allontana dal migliore, meno punti riceve. Si tratta di una scelta che punta a privilegiare le buone esperienze, anzi: le migliori esperienze, presenti in Europa. Questo perché disegnare a tavolino valori di riferimento e su questi analizzare gli scostamenti da un teorico "sistema fiscale perfetto" portava con sé il rischio di traguardarsi costantemente ad un mondo che non c'è. Si è preferito, invece, partire dai livelli di libertà fiscale già raggiunti e definire quelli come benchmark: se in sette economie europee è possibile contenere la tassazione sulle imprese sotto il 30% degli utili prodotti, allora significa che si può ragionevolmente fare anche negli altri paesi.

La somma dei singoli indicatori restituisce, per ogni economia esaminata, il tasso di libertà fiscale elaborato su base 100. Più alto è il valore ottenuto da uno Stato (più vicino a 100) , più i suoi cittadini sono liberi dal punto di vista fiscale. Il ranking che ne deriva divide i paesi in quattro macro aree: paesi fiscalmente molto liberi (oltre 70 punti su 100), paesi fiscalmente liberi (tra 60 e 69 punti), paesi fiscalmente non del tutto liberi (tra 50 e 59 punti), paesi fiscalmente oppressi (sotto i 50 punti).

GLI INDICATORI

I primi due indicatori, numero di procedure e numero di ore necessarie a pagare le tasse, si riferiscono al carico burocratico che le imprese devono sostenere per essere in regola con il Fisco del loro paese. Questi indicatori attribuiscono al paese migliore 10 punti.

Il terzo indicatore analizza il Total Tax Rate cui sono sottoposte le imprese dei paesi esaminati. Con questo indicatore si identifica la quota di profitti che una media azienda paga ogni anno allo stato sotto forma di tasse e contributi sociali. Al paese con il Tax Rate più basso sono attribuiti 20 punti.

Il quarto indicatore, Costo per pagare le tasse, stima quanto una media impresa debba spendere in procedure burocratiche per essere in regola con il Fisco. Il tempo che le aziende occupano per sbrigare pratiche burocratiche si traduce in un costo diretto, in questo caso di personale, che incide negativamente sulla competitività di un sistema. Si tratta di una sorta di tassa sulle tasse: il peso dello Stato nelle attività imprenditoriali, infatti, va ben oltre il solo valore nominale del prelievo fiscale. Anche il tempo perso è monetizzabile e rende il sistema fiscale di riferimento più o meno libero. Al paese migliore in questo indicatore sono attribuiti 10 punti.

Il quinto indicatore, la Pressione Fiscale in percentuale del Prodotto Interno Lordo, assegna al miglior paese ben 30 punti. Si tratta dell'indicatore più importante, sia in termini di punteggio che sostanziale, perché misura le dimensioni della tassazione complessiva sulla ricchezza prodotta da un paese.

Il sesto indicatore è sempre riferito alla Pressione Fiscale in percentuale al Pil, vista qui in termini dinamici e non statici, e misura quanto il prelievo complessivo è cresciuto dal 2000 ad oggi. E' un indicatore particolarmente rilevante perché traccia gli sforzi che un paese sta compiendo (o non sta compiendo) per ridurre il peso dell'oppressione tributaria sui propri cittadini. Per capire l'importanza di questo tipo di indicatore basti riflettere sul fatto che un paese come la Svezia, considerato da tutti come la patria di tasse elevate in cambio di migliori servizi, dal 2000 ad oggi ha tagliato la sua pressione fiscale di quasi 6 punti percentuali di Pil. Al miglior paese in questo indicatore vengono attribuiti 10 punti.

Settimo e ultimo indicatore è quello relativo alla pressione fiscale sulle famiglie, intesa come la percentuale di tasse sul reddito familiare lordo che paga un nucleo tipo (due genitori che lavorano con due figli a carico). Al paese più "family friendly" sono attribuiti 10 punti.

Per realizzare questo indice sono stati utilizzati i database Eurostat e Doing Business (Banca Mondiale).

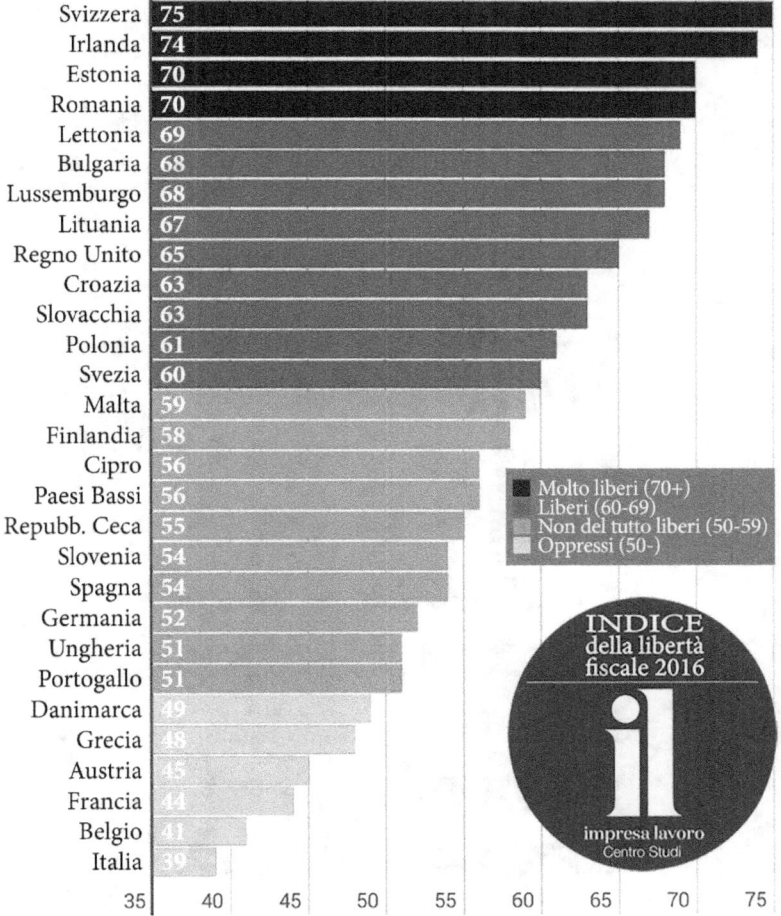

Indice della Libertà Fiscale 2016
Classifica Finale

Paese	Punteggio
Svizzera	75
Irlanda	74
Estonia	70
Romania	70
Lettonia	69
Bulgaria	68
Lussemburgo	68
Lituania	67
Regno Unito	65
Croazia	63
Slovacchia	63
Polonia	61
Svezia	60
Malta	59
Finlandia	58
Cipro	56
Paesi Bassi	56
Repubb. Ceca	55
Slovenia	54
Spagna	54
Germania	52
Ungheria	51
Portogallo	51
Danimarca	49
Grecia	48
Austria	45
Francia	44
Belgio	41
Italia	39

Molto liberi (70+)
Liberi (60-69)
Non del tutto liberi (50-59)
Oppressi (50-)

INDICE
della libertà
fiscale 2016

il

impresa lavoro
Centro Studi

* Punteggio espresso in 100esimi. All'aumentare del punteggio, aumenta il grado di libertà fiscale.

1. Numero di procedure necessarie per pagare le tasse

	Pagamenti annui	PUNTEGGIO
Svezia	6	10
Lettonia	7	9
Malta	7	9
Polonia	7	9
Repubblica Ceca	8	8
Estonia	8	8
Finlandia	8	8
Francia	8	8
Grecia	8	8
Portogallo	8	8
Regno Unito	8	8
Germania	9	7
Irlanda	9	7
Paesi Bassi	9	7
Spagna	9	7
Danimarca	10	6
Slovacchia	10	6
Slovenia	10	6
Belgio	11	5
Ungheria	11	5
Lituania	11	5
Austria	12	5
Bulgaria	14	4
Italia	14	4
Romania	14	4
Croazia	19	3
Svizzera	19	3
Lussemburgo	23	3
Cipro	27	2

Elaborazione ImpresaLavoro
su dati Doing Business 2016

2. Numero di ore necessarie per pagare le tasse

	Ore annue	PUNTEGGIO
Lussemburgo	55	10
Svizzera	63	9
Estonia	81	7
Irlanda	82	7
Finlandia	93	6
Regno Unito	110	5
Svezia	122	5
Paesi Bassi	123	4
Danimarca	130	4
Francia	137	4
Malta	139	4
Cipro	145,5	4
Spagna	158	3
Romania	159	3
Belgio	161	3
Austria	166	3
Lituania	171	3
Slovacchia	188	3
Grecia	193	3
Lettonia	193	3
Croazia	206	3
Germania	218	3
Slovenia	245	2
Italia	269	2
Polonia	271	2
Portogallo	275	2
Ungheria	277	2
Repubblica Ceca	405	1
Bulgaria	423	1

Elaborazione ImpresaLavoro
su dati Doing Business 2016

3. Total tax rate sulle imprese

	Percentuale dei profitti	PUNTEGGIO
Croazia	20,0%	20
Lussemburgo	20,1%	20
Cipro	24,4%	16
Danimarca	24,5%	16
Irlanda	25,9%	15
Bulgaria	27,0%	15
Svizzera	28,8%	14
Slovenia	31,0%	13
Regno Unito	32,0%	13
Lettonia	35,9%	11
Finlandia	37,9%	11
Polonia	40,3%	10
Paesi Bassi	41,0%	10
Portogallo	41,0%	10
Malta	41,3%	10
Romania	42,0%	10
Lituania	42,6%	9
Ungheria	48,4%	8
Germania	48,8%	8
Svezia	49,1%	8
Estonia	49,4%	8
Grecia	49,6%	8
Spagna	50,0%	8
Repubblica Ceca	50,4%	8
Slovacchia	51,2%	8
Austria	51,7%	8
Belgio	58,4%	7
Francia	62,7%	6
Italia	64,8%	6

Elaborazione ImpresaLavoro
su dati Doing Business 2016

4. Costo per pagare le tasse

	Costo annuo (in €)	PUNTEGGIO
Romania	795	10
Estonia	834	10
Lituania	1.163	7
Lettonia	1.370	6
Bulgaria	1.734	5
Malta	1.807	4
Slovacchia	1.880	4
Croazia	1.978	4
Lussemburgo	1.991	4
Ungheria	2.078	4
Cipro	2.270	4
Polonia	2.331	3
Irlanda	2.460	3
Svizzera	2.602	3
Grecia	2.799	3
Regno Unito	2.827	3
Finlandia	3.069	3
Spagna	3.350	2
Portogallo	3.630	2
Slovenia	3.871	2
Repubblica Ceca	4.010	2
Paesi Bassi	4.194	2
Svezia	4.563	2
Francia	4.809	2
Danimarca	5.369	1
Austria	5.378	1
Belgio	6.295	1
Germania	7.020	1
Italia	7.559	1

Elaborazione ImpresaLavoro
su dati Eurostat (2015)
e Doing Business (2016)

5. Pressione fiscale sul Pil

	Percentuale	PUNTEGGIO
Svizzera	27,1%	30
Bulgaria	27,6%	29
Romania	27,6%	29
Lituania	27,8%	29
Lettonia	29,0%	28
Irlanda	30,3%	27
Slovacchia	31,0%	26
Estonia	32,3%	25
Polonia	32,9%	25
Repubblica Ceca	34,0%	24
Cipro	34,1%	24
Spagna	34,2%	24
Regno Unito	34,3%	24
Malta	34,9%	23
Croazia	36,6%	22
Slovenia	36,8%	22
Portogallo	36,9%	22
Paesi Bassi	37,6%	22
Ungheria	38,3%	21
Grecia	38,9%	21
Germania	39,3%	21
Lussemburgo	39,4%	21
Italia	43,6%	19
Austria	43,6%	19
Svezia	43,6%	19
Finlandia	43,9%	19
Belgio	47,3%	17
Francia	47,8%	17
Danimarca	50,7%	16

Elaborazione ImpresaLavoro
su dati Eurostat (2014)

6. Variazione della pressione fiscale dal 2000 al 2014

	Variazione % sul Pil	PUNTEGGIO
Svezia	-5,9%	10
Bulgaria	-3,3%	8
Lituania	-3,0%	8
Slovacchia	-2,9%	8
Romania	-2,8%	8
Germania	-2,1%	8
Finlandia	-2,0%	6
Regno Unito	-1,8%	6
Irlanda	-1,5%	6
Croazia	-1,0%	6
Ungheria	-0,9%	6
Polonia	-0,9%	6
Lettonia	-0,5%	6
Svizzera	-0,4%	6
Paesi Bassi	-0,1%	6
Slovenia	0%	4
Austria	0,2%	4
Spagna	0,3%	4
Estonia	1,1%	4
Repubblica Ceca	1,5%	4
Lussemburgo	1,6%	4
Belgio	1,8%	4
Danimarca	2,3%	2
Francia	3,3%	2
Portogallo	3,4%	2
Italia	3,6%	2
Grecia	4,2%	0
Malta	6,6%	0
Cipro	6,7%	0

Elaborazione ImpresaLavoro
su dati Eurostat (2000-2014)

INDICE della libertà fiscale 2016
il
impresa lavoro
Centro Studi

7. Tax rate sulle famiglie

	% sul reddito familiare lordo	PUNTEGGIO
Svizzera	13,47%	10
Irlanda	14,92%	9
Malta	15,13%	9
Estonia	16,35%	8
Repubblica Ceca	16,50%	8
Slovacchia	17,65%	8
Svezia	21,07%	6
Spagna	21,14%	6
Regno Unito	21,22%	6
Lussemburgo	21,27%	6
Lituania	21,28%	6
Bulgaria	21,61%	6
Polonia	22,17%	6
Cipro	-	6
Lettonia	23,56%	6
Romania	23,81%	6
Francia	24,61%	5
Portogallo	25,06%	5
Ungheria	25,21%	5
Croazia	25,58%	5
Slovenia	26,97%	5
Paesi Bassi	27,29%	5
Finlandia	27,59%	5
Italia	28,28%	5
Austria	28,50%	5
Grecia	28,72%	5
Germania	33,95%	4
Danimarca	34,86%	4
Belgio	36,88%	4

Elaborazione ImpresaLavoro
su dati Eurostat (2014).
Famiglia composta
da due coniugi lavoratori
e due figli a carico.

RIDURRE LO STATO, LIBERARE L'ITALIA

Massimo Blasoni
Imprenditore, Presidente del Centro Studi ImpresaLavoro

La vulgata per molti cittadini rassegnati ai gravami esosi del fisco italico è più o meno questa: pago molte tasse, vorrei che almeno funzionassero i servizi. In realtà il Sig. Rossi - e tutti un po' lo siamo - non ha nemmeno un'idea chiara di quanto rilevante sia il prelievo che, tra imposte dirette o indirette, assume le mille forme delle gabelle più singolari. Le tasse su passi carrai, gradini e ballatoi si sommano a imposte sul reddito che superano di circa 3 volte quelle americane per i contribuenti più poveri. Un cuneo fiscale tra i più alti in Europa si accompagna alla pletora di tasse sulle tasse, cioè quelle imposte che paghiamo sul risparmio o sulla casa che acquistiamo con il nostro reddito già abbondantemente colpito dal prelievo fiscale.

Un dato sintetico sul risparmio: le imposte sostitutive sui guadagni, sulle transazioni e le imposte di bollo su depositi e strumenti finanziari, sono cresciute negli ultimi cinque anni di 8,2 miliardi. Siamo più chiari: queste tasse nel quinquennio sono letteralmente raddoppiate come quelle sulla casa. Nella selva di acronimi TASI, TARI, IMU, TARSU si è nascosto un incremento costante e gravoso quanto una patrimoniale, che ha colpito un Paese dove i possessori della casa d'abitazione sono più del 70%. Quanto ai servizi che questo elevato prelievo dovrebbe garantire, troppo spesso ci sfugge che le dinamiche dell'intermediazione politica e la bassa produttività della pubblica amministrazione rendono le prestazioni quasi congenitamente poco efficienti.

Un esempio per tutti: la previdenza. L'Inps matura disavanzi che superano i 10 miliardi annuali ormai da tempo. Il patrimonio netto dell'ente è sceso dai 41 miliardi del 2011 a meno di 2 miliardi previsti per il 2016, malgrado la ricapitalizzazione da 21,7 miliardi avvenuta nel 2014. Nessuno parla dei 104 miliardi di contributi che l'ente non riesce a recuperare sulla falsariga delle sofferenze bancarie. A pochi è noto che l'Inps possiede 25.000 immobili, valutati più di 3 miliardi, ma che riesce a ricavare da questo patrimonio non utili ma perdite milionarie ogni anno. Eppure l'istituto resta il perno obbligatorio della previdenza e i suoi deficit vengono ripianati dalla fiscalità generale senza che ognuno di noi sia libero di operare scelte diverse.

In realtà siamo consapevoli della sostanziale necessità di un patto sociale che comporti la cessione di una parte delle nostre risorse per far fronte ai bisogni comuni. Nessuno nega l'esigenza dello Stato, lo vorremmo però meno esoso ed onnipresente. Cogliamo la pressoché assoluta impossibilità, in quanto singoli, di incidere significativamente su quel patto. Insomma, anche quando ci è chiaro che lo Stato utilizza male il nostro denaro e preferiremmo scegliere a chi affidarlo, acquistando direttamente i servizi, non possiamo concretamente assumere questa determinazione. È tuttavia utile contribuire a rendere più consapevoli i cittadini, da un lato dell'elevata pressione fiscale e pervasività dello Stato, dall'altro della frequente cattiva qualità della spesa pubblica. Lo Stato e i suoi organi si sono enormemente accresciuti, lo testimonia il fatto che il prelievo fiscale rapportato al Pil rappresentava negli anni '70 il 22%, un rapporto che oggi è aumentato sino al 43%. Un incremento notevolissimo che ci colloca tra i paesi più tassati. Non solo, il nostro prelievo è tra quelli che sono cresciuti di più negli ultimi anni. La pressione fiscale in percentuale al Pil dal 2000 ad oggi in Italia è incrementata del 3,6%, nello stesso arco temporale in Germania è invece diminuita del 2,1%. Il ragionamento è un po' forzato, ma se confrontiamo il peso su Pil delle nostre tasse con quello di tedeschi, inglesi e spagnoli , ci accorgiamo che, applicare al nostro prodotto interno lordo il 39% tedesco o il 34% inglese e spagnolo produrrebbe minor tassazione per decine di miliardi (dato Eurostat).

L'imposizione fiscale è un freno alla ripresa della crescita nel nostro Paese. Lungi da rappresentare uno stimolo all'economia, le risorse esatte si sono tradotte non in investimenti, ma spesso in spesa clientelare. Gli investimenti pubblici si sono ridotti nel nostro paese negli ultimi 5 anni di 18,5 miliardi, mentre crescevano in molti altri paesi europei. Per converso la spesa corrente dello Stato, regioni e articolazioni pubbliche varie, tetragona ad ogni *spending review*, resta sempre altissima.

È necessario anche un passaggio sull'imposizione alle imprese. Posto che difficilmente possiamo ipotizzare che le prossime generazioni assisteranno ad una crescita del pubblico impiego con incremento delle assunzioni, ci resta il più probabile scenario di una occupazione che dipende dalla crescita delle nostre imprese. Eppure fare impresa in Italia non è facile. Non lo è perché costa di più l'energia, la giustizia è lenta e la burocrazia impera. Secondo il rapporto annuale della Banca Mondiale Doing Business sono necessari 227 giorni per ottenere un permesso di costruzione, in Danimarca sono 64. La tassazione resta comunque il problema principale. In Italia le imprese hanno un total tax rate del 64,8%, impiegano 269 ore per il pagamento delle imposte per un totale di 14 adempimenti annui. Siamo gli ultimi in Europa quanto a prelievo e burocrazia fiscale: in Inghilterra il total tax rate è del 32%, meno della metà. E inoltre domina l'incertezza: le regole del fisco cambiano costantemente e talora anche retroattivamente.

Tassare in questa misura le imprese è controproducente e tiene lontani gli investitori esteri: non serve essere adepti di Laffer per capirlo. Né valgono le sole considerazioni sul debito pubblico: decidere oggi, magari temporaneamente in deficit, di ridurre il carico fiscale per imprese e cittadini è l'unico modo per incentivare produzione ed acquisti e, se vogliamo, per darci la possibilità di ridurre il peso di quell'eccesso di spesa che si è fatta debito e grava così tanto sulle nostre spalle e su quelle dei nostri figli.

L'Indice delle libertà fiscali ci dice molto dell'inefficienza del nostro sistema fiscale: siamo gli ultimi, purtroppo. Tuttavia la possibilità di cambiare c'è. Occorre ripensare al valore di quel *"no taxation without representation"* che nel nostro Paese si è troppo spesso trasformato in una delega senza controllo a chi ha fatto della spesa uno strumento di potere e acquisizione del consenso.

PRIGIONIERI DEL FISCO

Giuseppe Pennisi
Presidente del board scientifico del Centro studi ImpresaLavoro

Non fa certo piacere finire come Pinocchio dietro la lavagna con lunghe orecchie di carta che simulano quelle di un asino. Purtroppo, ogni volta che si parla di fisco, e che si fanno analisi comparate sulla base di dati internazionali, finiamo con essere sempre gli ultimi della classe. Nonostante Palazzo Chigi ci ripeta costantemente che siamo non gagliardi, ma gagliardissimi. L'Indice delle Libertà Fiscali elaborato dal Centro Studi Impresa Lavoro sulla base di una metodica internazionale non permette equivoci: c'è molta strada da fare prima di arrivare ad avere un sistema fiscale in linea con quello degli Stati Europei che crescono e progrediscono. Oggi, individui, famiglie ed imprese sono prigionieri del fisco, una prigione che impedisce l'innovazione e ci condanna ad una produttività in perpetua stagnazione.

Negli anni che ho passato a Via Venti Settembre, come dirigente generale al Ministero del Bilancio e della Programmazione Economica e come consigliere di due differenti Ministri del Tesoro, ogni estate si ripeteva la stessa storia: al momento della preparazione del disegno di legge finanziaria (da approvare entro il 30 settembre): ci si arrovellava per aumentare - di riffa, di raffa o di baracca - il carico fiscale perché le entrate rincorrevano, con affanno, le spese. La situazione non è mutata: alla proclamata riduzione di qualche imposta dello Stato, si risponde con aumenti di quelli delle Regioni e dei Comuni e con rialzi dei prezzi amministrati (tariffe) e delle accise.

E se si provasse a fare il contrario: ossa a ridurre il carico tributario (ormai giunto a livelli leggendari) per costringere Ministri, Ministeri ed autonomie locali a comprimere le spese? Dovrebbe essere il primo passo di una buona *spending review*, come indicato nel libro promosso dal Centro Studi ImpresaLavoro *"La Buona Spesa – dalle opere pubbliche alla spending review – Una guida operativa"*, acquistabile su Amazon.

La storia dei tagli fiscali mostra che hanno avuto successo quando sono stati preceduti da prese di posizione teoriche e da forti campagne politiche. Non solo o principalmente dal lamento del Presidente del Consiglio di essere stato "lasciato solo a volere la riduzione delle imposte". Forse per aiutarlo ad uscire dalla solitudine può servire la ricerca di un più solido fondamento analitico al progetto. Tanto più che in Italia non si propone più un ragionamento analogo a quello della "curva di Laffer" di circa un quarto di secolo fa quando, sulla base delle ipotesi dell'economista Arthur Laffer, Ronald Reagan e Margaret Thatcher ridussero scaglioni ed aliquote argomentando che ne sarebbe risultato un impulso all'economia tale da più che recuperare, nell'arco di pochi anni, la perdita temporanea di gettito.

L'assunto, ma non è detto che chi oggi governa l'Italia la pensi così, potrebbe essere ben differente. E potrebbe riassumersi nel proposito un po' crudo di "affamare la bestia" (ossia la macchina pubblica) allo scopo di ridurre il disavanzo. E così permettere un calo sostenibile delle imposte. L'espressione "affamare la bestia" la dobbiamo a Jonathan Baron, professore di psicologia alla University of Pennsylvania, ed Edward J. McCaffery, docente di economia applicata al California Institute of Technology. La troviamo in un loro saggio (*"Starving the beast: the psychology of budget deficits"* - "Affamare la bestia: la psicologia dei deficit di bilancio").

Baron e McCaffery appartengono ad un filone relativamente nuovo della finanza pubblica, quello che coniuga economia quantitativa e psicologia. Nel lavoro citato non hanno solamente elaborato un elegante modello per mostrare con una serie di algoritmi come riducendo il gettito si finisca con fare dimagrire la macchina della spesa pubblica, hanno anche effettuato due esperimenti con la complicità del web. La grande maggioranza degli intervistati si è detta ben lieta di tagli alla pressione fiscale ed alla spesa pubblica in modo, però, che complessivamente i conti quadrassero; non è stata, però, in grado di esprimere quali programmi di spesa tagliare. Di conseguenza, argomentano Baron e McCaffery, se l'elettorato è in favore di conti pubblici in regola (ipotesi che forse non corrisponde a quella dell'elettorato italiano), una strategia basata sul ridurre le razioni di cibo al pachiderma può avere successo. È una ricetta che potrebbe avere esiti positivi in Italia, dove si è avvezzi non solo ai disavanzi pubblici ma anche alla crescita dello stock di debito senza curarsi troppo di chi lo pagherà e quando?

In un altro lavoro, McCaffery, questa volta a quattro mani con Joel Slemrod della Michigan Business School, traccia un vero e proprio manifesto per una finanza pubblica coniugata con la psicologia per affrontare i maggiori nodi di politica economica; in società dove poco peso si è sempre dato alle quadrature dei bilanci pubblici (e non solo), affamare la bestia può essere una strategia tutt'altro che appropriata. Se non si interviene prima con lo psicologo o, addirittura, lo psichiatra.

Altro testo da considerare è un classico francese che ha avuto diverse edizioni *"L'arbitraire fiscal"* di Pascal Salin. Il saggio distrugge l'idea stessa di imposta progressiva sul reddito; mostra come le imposte di successione siano un virus che minaccia la famiglia e la tassazione societaria un peso sulla competitività delle imprese. Salin propone uno Stato minimo ed un'aliquota unica (o al massimo due) da applicarsi principalmente sulle transazioni. L'opposto del sistema tributario che gli italiani imputano a Matteo Renzi ed ai suoi consiglieri, ma che ha provocato una crisi tale di rigetto da potersi ormai profilare all'orizzonte una riforma alla Salin. Eloquente il lavoro *"Fiscal Interactions Among European Countries: Does the EU Matter?"* ("Interazione tributaria tra i Paesi Europei: l'Ue conta qualcosa?" di Michela Redoano della Università di Warwick) da cui si deduce che, anche se i Paesi di piccole dimensioni seguono quelli di maggiore taglia e maggiore popolazione nella definizione delle loro politiche tributarie, in molti casi si è passati dall'interdipendenza tributaria alla indipendenza, proprio al fine di attirare capitali ed investimenti (dal resto del mondo e da altri Paesi Ue).

Si potrebbe, poi, ricordare il lavoro di Graziella Bertocchi della Università di Modena (la rossa): *"The Vanishing Bequest Tax: The Comparative Evolution of Bequest Taxation in Historical Perspective"* ("La fine dell'imposta di successione: evoluzione comparata del tributo in prospettiva storica"), il saggio di Wojcech Kopzuk (Columbia University) e Joseph Lupton (Federal Reserve Board) *"To Leave or Not to Leave: The Distribution of Bequest Motives"* ("Lasciare o non lasciare: la distribuzione dei motivi dei lasciti") pubblicato nella *Review of Economic Studies* e lo studio giuridico (i suoi primi amori) più economico di Jeffrey Cooper *"Interstate Competition and State Death Taxes: A Modern Crisis in Historical Perspective"* ("Competizione tra gli Stati e imposta di successione: una crisi moderna in prospettiva storica") apparso nella *Pepperdine Law Review*. Chris William Sanchirico della Università della Pennsylvania dimostra che le troppe tasse sul lavoro creano fannulloni nel lavoro *"Progressivity and Potential Income: Measuring the Effect of Changing Work Patterns on Income Tax Progressivity"* ("Progressività e reddito potenziale: gli effetti della progressività tributaria sulle abitudini di lavoro").

Un'indicazione indiretta si ha dalle riforme condotte iniziate negli Anni Ottanta in alcuni Paesi dell'America Latina e negli Anni Novanta estese a molti altri: privatizzazioni più o meno parziali delle imprese un tempo pubbliche e dei sistemi previdenziali, liberalizzazioni, apertura all'economia internazionale. Nonostante la crescita abbia ricevuto un'accelerazione e in molte casi siano diminuite le disparità di reddito, un saggio di Eduardo A. Lora e Ugo G. Panizza (ambedue al Banco Interamericano per lo Sviluppo) e Myriam Quispe-Agnoli (Banca Federale di Atlanta) sottolinea come si avvertano i sintomi di un vero e proprio "affaticamento da riforme". Gli stessi beneficiari, in breve, ne sarebbero stanchi e stufi. Li si vedono anche da noi? Prima ancora che le riforme più importanti siano state fatte?

In effetti, se si chiede agli italiani, togliersi dalla prigione del fisco, con catene agganciate alle mura del carcere, e le palle di piombo ai piedi è più urgente della riforma del Senato (gli stessi obiettivi si sarebbero potuti ottenere dimezzando il numero complessivo dei parlamentari e sveltendo le procedure di approvazione delle leggi) o della soppressione del CNEL (sigla poco nota nella stessa galassia delle abbreviazioni).

L'IMPOSIZIONE FISCALE

Lorenzo Infantino
*Professore di Metodologia delle Scienze Sociali alla LUISS
di Roma, Presidente della Fondazione Hayek Italia*

Le discussioni sul livello della pressione fiscale vengono talvolta percepite come qualcosa di meramente ideologico. Ma quanti hanno tale percezione cadono in un grave errore. Il che è probabilmente dovuto alla mancata comprensione delle condizioni che rendono possibile la libertà individuale di scelta e lo sviluppo economico.

Le moderne scienze sociali hanno mostrato che la cooperazione fra gli uomini può avvenire in forma coercitiva o in forma volontaria. Nel primo caso, si affermano sistemi chiaramente tirannici, dispotici, autoritari, e finanche totalitari, che in vario modo negano la libertà individuale di scelta. Nel secondo caso, si ha la crescita di quella che è stata chiamata Grande Società o "società aperta", che sottrae al Potere pubblico ogni incombenza che non sia quella di servire la cooperazione sociale volontaria. Vivere in una società caratterizzata dalla prevalenza della cooperazione coercitiva equivale ad attribuire allo Stato il rango di variabile indipendente e a prescrivere i contenuti delle azioni individuali. Vivere in un contesto caratterizzato dalla prevalenza della cooperazione volontaria equivale invece a istituzionalizzare la libertà di scelta e limitare l'intervento dello Stato a una funzione di complemento.

Tutto ciò può acquistare un significato ancora più chiaro. La cooperazione sociale serve soprattutto a dare risposta al problema economico. Se tale problema viene affidato allo Stato, abbiamo una soluzione politica. Se al contrario alla questione viene data una risposta basata sulla libera scelta dei cittadini, abbiamo una soluzione di tipo sociale. L'impensabile sviluppo economico che si è realizzato negli ultimi due secoli e mezzo è stato la conseguenza del capovolgimento delle posizioni relative dell'individuo e dello Stato e dell'affermazione della cooperazione volontaria. Il che ha permesso la libera mobilitazione delle risorse. E ha fatto anche di più: perché non c'è mobilitazione delle risorse senza mobilitazione delle conoscenze. Occorre allora comprendere che la soluzione sociale del problema economico è inestricabilmente legata alla libertà individuale di scelta, che è quanto necessariamente alimenta un'estesissima partecipazione. E ciò pone in essere un procedimento allargato di esplorazione dell'ignoto e correzione degli errori. Di qui la superiorità della soluzione sociale del problema economico, rispetto alla soluzione politica affidata alla direzione di un ristretto gruppo di potere e alle loro preferenze.

Se non si tiene conto di ciò, discutere del prelievo fiscale e del debito pubblico significa assai poco. Si può fare del banale moralismo pro o contro la fiscalità. Ma non si comprende che la spesa pubblica determina sempre una riduzione delle risorse che, in caso contrario, sarebbero state destinate al processo sociale. E si perde di vista che quella posta in essere dalla libertà individuale di scelta è un'allocazione competitiva che porta a un aumento della produttività, mentre la redistribuzione politica è un'allocazione monopolistica che inevitabilmente conduce a una caduta del rendimento delle risorse.

Ovviamente, la retorica interventista sa sempre come giustificare se stessa. Non manca mai qualcosa di "strategico" da realizzare, che puntualmente coincide con l'interesse di quanti occupano il potere politico e dei gruppi a loro contigui. E c'è la difesa delle posizioni economicamente più deboli: un tema su cui chiunque abbia una qualche riserva viene subito tacciato di sordo "egoismo". Nessuno vuole però negare che la sicurezza economica sia una «condizione indispensabile» della libertà individuale di scelta. Come ha giustamente scritto Friedrich A. von Hayek, è solo «necessario rendersi chiaramente conto della linea di demarcazione politica che separa una situazione in cui la comunità accetta il dovere di impedire l'indigenza e di fornire un minimo livello di assistenza da quella in cui si arroga il diritto di determinare la "giusta" posizione di ognuno e di assegnare a ognuno quel che, a suo giudizio, merita».

In effetti, il Piano Beveridge non è stato a suo tempo concepito dal suo autore come uno strumento mediante cui assegnare un "giusto" reddito a ciascuno. Il suo obiettivo era solamente quello di impedire che ci fossero cittadini privi di alimenti, di assistenza sanitaria o di un certo livello di istruzione. Ma il ceto politico ha trasformato ciò che è "legittimo" in un'illimitata distribuzione di favori. E ogni gruppo consente che vengano elargiti servizi o risorse agli altri solo perché ritiene che quanto ottenuto in proprio sia maggiore. Si tratta tuttavia di un'illusione ottica. Quel che ognuno consegue è inferiore a quel che deve dare, o a cui deve rinunciare, perché vengano soddisfatte le richieste degli altri gruppi. Siamo in presenza di un gioco a somma negativa. L'unico a guadagnare da un tale processo è il ceto politico, che si trova a gestire un'irrefrenabile macchina redistributiva, in cui lo Stato non è più al servizio della cooperazione sociale volontaria, ma si pone come variabile indipendente del sistema. E qui le cose si complicano. Con l'inevitabile caduta della produttività e del prodotto, il personale politico può continuare a disporre della stessa quantità di risorse solo aumentando il proprio "tasso di sfruttamento" nei confronti dei governati o, che è lo stesso, comprimendo la "libertà fiscale" dei cittadini. È una situazione in cui ogni regola della limitazione del potere è divelta. E la conseguenza è che il benessere residuo di cui si beneficia non è il portato dell'interventismo politico, ma il prodotto di quel che rimane della cooperazione sociale volontaria.

Il più grande economista italiano, Francesco Ferrara, ha scritto: «Volete sapere perché mai uno sciame di parassiti o di meretrici possano vivere nelle corti? Perché l'ignoranza e l'intrigo vi si possano portare in trionfo, il sapere e la virtù vi siano respinti e derisi [...]? L'imposta racchiude e spiega tutto l'enigma. L'imposta è la grande sorgente di tutto ciò che un governo corrotto possa speculare in danno dei popoli; l'imposta mantiene la spia, incoraggia il partito, detta gli articoli di giornale». Meglio non si potrebbe dire.

UN'IPOTESI: ELVETIZZIAMO L'EUROPA

Carlo Lottieri
Filosofo liberale

Parlare di imposte significa riferirsi a risorse estratte con la forza. In questo senso, ogni riflessione in materia focalizza l'attenzione su pratiche istituzionali volte ad aggredire la proprietà, ridimensionando l'autonomia dei singoli, delle imprese e delle comunità.[1] È in questo senso che, molto correttamente, questo studio elaborato da ImpresaLavoro porta alla definizione di un indice della "libertà fiscale", che appunto considera più liberi i Paesi a tassazione minore e meno liberi quelli a tassazione maggiore.

Per giunta, parlare della presente fiscalità in Europa significa orientare lo sguardo su qualcosa che mai si era visto in passato. Nei secoli scorsi il potere poteva disporre con una certa facilità della vita dei sudditi, ma nessun sovrano era in grado di togliere ai produttori più della metà di quanto essi realizzavano: come oggi avviene con una certa facilità in larga parte del mondo occidentale.

Quando allora si studiano i sistemi fiscali si è costretti a esaminare il rapporto tra il potere pubblico e l'economia privata per come si è definito soprattutto nella seconda metà del Novecento, nella consapevolezza che mai come ora i privati hanno perduto la disponibilità delle proprie risorse e, infine, la libertà di organizzarsi secondo i loro programmi. Con il crescere della pressione tributaria e con l'aumento delle ore e delle procedure necessarie per adempiere agli obblighi di legge, la libertà dei singoli si è ristretta sempre più.

In questo quadro contraddistinto da un'espansione quasi illimitata dello Stato e dal conseguente indebolimento delle libertà,

---

(1) Una formidabile rilettura del ruolo dell'imposizione fiscale nel procedere delle civiltà si trova in: Charles Adams, *For Good and Evil. L'influsso della tassazione nella storia*, Macerata, Liberilibri, 2007 (2001).

il fatto che la Svizzera si collochi al top della classifica europea sulla libertà fiscale discende dal fatto che essa più di altri Paesi europei è riuscita a limitare il dilatarsi della sfera statuale. In un'Europa innamoratasi della sovranità e incapace di contrastare lo strapotere delle classi politiche, la Confederazione elvetica ha saputo opporre una qualche resistenza e l'ha fatto restando fedele a un modello di localizzazione delle istituzioni che si è fortemente avvantaggiato della competizione tra governi.[2]

Cosa altro dice la classifica? Si piazzano bene anche i Paesi anglosassoni (Irlanda e Regno Unito), la cui storia è egualmente segnata dalla capacità di contrastare il sovrano, e i Paesi più piccoli (Lussemburgo), i quali si avvantaggiano dall'evitare gli alti costi della burocratizzazione e del parassitismo, caratteristici delle società di estese dimensioni. Ottengono un buon giudizio complessivo anche taluni Paesi post-comunisti (Estonia e altri), che non solo nutrono talvolta una viscerale avversione per il socialismo, ma godono anche del fatto di aver dovuto "inventare" il proprio sistema tributario in tempi relativamente recenti.

Già Joseph A. Schumpeter aveva evidenziato come un regime socialista non abbia bisogno di tassare e ridistribuire: "Il capitalismo moderno si affida al principio del profitto per il suo pane quotidiano, ma si rifiuta di permettere che esso prevalga. In una società socialista non esisterebbe nessun conflitto del genere e di conseguenza nessuno spreco simile... Infatti, affidandoci al buonsenso, sarebbe chiaramente assurdo che il comitato centrale pagasse prima gli stipendi e poi, dopo averlo fatto, rincorresse i riceventi per recuperare parte di quello".[3]

Il socialismo reale non esigeva tassazione e quindi ha lasciato, dopo di sé, uno spazio aperto che talora qualche allievo spirituale di Milton Friedman (come il premier estone Mart Laar) ha col-

---

(2) Un volume che può aiutare a comprendere la specificità dell'esperienza culturale e istituzionale della Svizzera si deve a uno storico inglese, che di recente ne ha pubblicato la terza edizione: Jonathan Steinberg, *Why Switzerland?*, Cambridge, Cambridge University Press, 2016 (1976).

(3) Joseph A. Schumpeter, *Capitalism, Socialism, and Democracy*, London, Routledge, 1976 (1942), pp. 198-9.

mato con logiche più liberali che socialdemocratiche. Per giunta, l'alta tassazione è un lusso da ricchi, anche se è la strada più breve per perdere tale status, che Paesi ancora protesi a riguadagnare il terreno perduto non possono certamente permettersi.

In fondo alla classifica si collocano due Paesi che nel corso degli ultimi decenni hanno dovuto usare la spesa pubblica per costruire consenso, nel tentativo di superare una frattura interna molto profonda. Ma il voto dei cittadini della Vallonia (in Belgio) e del Mezzogiorno (in Italia) è sempre stato quanto mai costoso per ogni gruppo che ambisse al potere in questi due Paesi: e questo almeno in parte spiega la pessima performance di queste due realtà, che hanno provato a risolvere le diversità non già con la responsabilità e l'autogoverno, ma sforzandosi di tenere assieme quello che altrimenti sembrava destinato a dissolversi.

Il primato della Svizzera, a ogni modo, può suggerire tutta una serie di considerazioni: a partire dal fatto che forse non è del tutto sorprendente che l'imposizione fiscale sia relativamente contenuta in un Paese che è complessivamente più piccolo della Lombardia e si compone di 26 entità cantonali chiamate a competere tra loro. Osservare una simile classifica, allora, deve indurci a riconoscere che gli europei starebbero assai peggio se invece che 28 governi indipendenti (le attuali nazioni che compongono l'Unione) ci fosse una sola Europa-Stato e un unico sistema tributario. Non si creda che in un'Europa senza diversità e senza autogoverno finiremmo per avere una tassazione leggera simile a quella della Svizzera o anche dell'Irlanda. Con ogni probabilità, invece, assisteremmo al tentativo di generalizzare un modello franco-belga-italo-greco, o qualcosa di simile.

Ma questa competizione tra i 28 (che pure va difesa contro ogni progetto di armonizzazione fiscale dall'alto) è ancora troppo poco. Se la Svizzera è più libera della Francia o della Germania, questo si deve soprattutto al fatto che la Confederazione è competitiva al proprio interno: cantone versus cantone, comune versus comune. Ognuno è spinto a fare meglio, tenendo basse le aliquote e alta la qualità dei servizi. La Svizzera ci insegna che ogni centro di spesa va responsabilizzato e chi spende deve al tempo stesso tassare, in modo tale che i costi e i benefici dell'azione ricadano sulle stesse persone.

Da decenni la teoria economica esamina i benefici della cosiddetta competizione istituzionale e taluni scritti di James M. Buchanan e Gordon Tullock sono vere e proprie pietre miliari in materia.[4]

Non vi è dubbio che la concorrenza di mercato è cosa diversa dalla competizione che oppone i diversi sistemi fiscali e regolamentari: la logica che spinge gli imprenditori di mercato a soddisfare i consumatori non è la stessa che muove gli attori politici, primariamente interessati (come già insegnò Nicolò Machiavelli) a conquistare e mantenere il controllo del governo. Eppure è vero che nessun Paese a lungo può resistere se la base imponibile si contrae e se la possibilità per imprese, famiglie e capitali di adottare la strategia di exit ne penalizza le scelte.[5]

Il buon risultato delle istituzioni elvetiche è il risultato di molti fattori, ma sicuramente dobbiamo collocare al proprio posto questa localizzazione del potere di tassare e di spendere.

Va anche aggiunto che la Svizzera è prima nonostante vi siano due dei parametri adottati in questo studio che in qualche modo la penalizzano. Essa ottiene un basso risultato nella classifica parziale riguardante il numero delle procedure, ma questo non sorprende, dato che i sistemi federali sono più strutturati di quelli centralizzati (che, al limite, potrebbero vivere anche con una sola forma di prelievo nazionale). Per giunta essa è penalizzata dal dato della variazione della pressione fiscale nel periodo 2010-2014: un quindicennio fa la Svizzera aveva però una tassazione già inferiore alle altre e quindi non aveva grandi possibilità, ad

---

(4) Si veda, ad esempio, un testo che è ormai un piccolo classico: Gordon Tullock, *La scelta federale. Argomenti e proposte per una nuova organizzazione dello Stato*, Milano, Franco Angeli, 1996.

(5) Qualche anno fa, insieme a Piercamillo Falasca, avevo provato a suggerire la strada di un federalismo radicale – anche e soprattutto in ambito fiscale – nel seguente volume: Piercamillo Falasca – Carlo Lottieri, *Come il federalismo fiscale può salvare il Mezzogiorno*, Soveria Mannelli, Rubbettino, 2008.

esempio, di fare come la Svezia, che ha ridotto del 5,9% l'incidenza sul Pil.[6]

Il fatto che la Svizzera sia al primo posto nonostante queste due voci, però, ci dice come essa sia davvero qualcosa di eccezionale: e come il suo mix di localismo, democrazia diretta, neutralità e attitudine al compromesso continui a garantirle ai nostri giorni – come già in passato – un formidabile quadro di libertà.

Ovviamente qui non si tratta di operare un'ingenua glorificazione di una realtà, quella elvetica, che presenta vari problemi e che – a giudizio di molti – dovrebbe soprattutto contrastare maggiormente quel processo di normalizzazione che sta via via accrescendo il potere centrale e riducendo la competizione tra cantoni e tra comuni. Non esistono Paradisi in terra. Bisogna egualmente riconoscere che – sul piano comparativo – la Svizzera rappresenta una realtà storica e istituzionale che meno di altre ha conosciuto quei processi di progressiva socializzazione dell'economia che sono all'origine della crisi attuale.

Non stupiamoci, allora, se oggi essa continua a garantire più libertà ai propri cittadini e, di conseguenza, appare meglio attrezzata a fronteggiare le incertezze del futuro.

---

(6) Un Paese che per assurdo fosse stato a tassazione zero nel 2000 e lo fosse ancora oggi, in questa particolare graduatoria si piazzerebbe nella fascia bassa della classifica.

INDICE